Señales de paz y de distancia
Carmen Álvarez Peón

Colección Baños del Carmen

Carmen Álvarez Peón

Señales de paz y de distancia

EDICIONES VITRUVIO
Colección Baños del Carmen,
nº 1038

www.edicionesvitruvio.com

Primera edición, 2025

© Ediciones Vitruvio
C/ Menorca, nº 44
28009
Madrid
Tlf: 91 573 21 86

ediciones vitruvio nº 1. 725
ISBN: 979-13-990032-5-3

Señales de paz y de distancia

I

En los pequeños pueblos
el humo hace señales
de paz y de distancia
José Ángel Valente

Pronto traerá la noche el frío
en sus manos de azabache.
Apenas huele a humo:
la paja espera el fuego
con vegetal paciencia
y a la luz del farol,
ni una sombra se posa
sobre la acera vacía.

Como barco varado,
entre labranzas
espera un mañana más dulce.
Mientras tanto,
seguirá siendo un pueblo
de adobes caducados
tendido al sol entre rastrojos.

II

Regresé como quien viene
de su propio exilio,
dolorida y vacía
con el paso quedo
y los ojos cansados,
las manos, deshabitadas
de caricias.
Dónde estuve no importa.
Nada traje de allí
salvo a mí misma.
Bastante es haber sobrevivido.

III

Como si el mundo estallara hoy
por primera vez, así reciben
la luz los ojos de los limpios,
el pueblo que amanece
con todo en cercanía.

IV

Hay lugares que guardan sueños inconclusos
y puentes sin ojos que llevan
al mundo feliz que añoramos.
Pero seguimos trazando marcas
en el camino equivocado,
guardando paisajes para poder volver
sin recordar las veces
que tropezamos en el camino,
ni que allí, quisimos ya
levantar la patria.

V

Puede que formen parte del camino.
Que en cada mojón esté
el secreto mapa
del mundo que perdimos.
Pero en el asfalto
resuenan pisadas inútiles,
versos inútiles machacados
como avecillas muertas
por construir el nido a ras de tierra
ignorando que el vuelo,
es su don más preciado.

Puede que cada curva
esconda una equivocación.
Pero mientras otra curva
oponga su giro al giro anterior,
mientras para esquivar la vida
construyamos puentes
ignorando que el río no puede
cruzarse sin probar su agua,
sin ahogarse en su limo,
nada habremos avanzado.

Dulce diplomancia

QUÉ HE DE SABER

¿Qué he de saber yo de mí
si hace tiempo
que mi nombre no me nombra
y la figura que me da forma
no delimita mi contorno?
¿Qué he de saber de ti
si huyes, si ciegos a la luz
tus ojos, y sordos tus oídos,
rehúsas la palabra,
el gesto que nos crea?
¡Qué lejos las horas de la certeza,
el tiempo de la clarividencia
y la revelación!
¡Qué oscuros los corredores
donde las horas talladas en balde
duermen su vacío!

VOLVER A SER NIÑOS EN LA PLAZA

¿Dónde quedaron las espadas de madera
y las piedras con que ganábamos
batallas y brechas en la frente?
¿Dónde los sitios con trampas
en el suelo, las hondas escondidas
y los botines ganados con limpieza
ahora que se llevan las guerrillas?
Hoy no vale sacar el tirachinas
ni andar lanzando piedras a los otros.
Hoy, (ya no somos los niños de la plaza
y sabemos quién manda y lo que quiere),
se lleva la dulce diplomacia,
la foto tras la firma del acuerdo,
la tortura psicológica… evitar riesgos.
Pero al cabo algún día volveremos
a luchar como hacíamos de niños,
esgrimiendo espadas de madera,
rompiéndonos la piel de las rodillas,
hiriendo o siendo heridos,
pero sin estrategias ni falsos escarceos,
sin matar por la espalda al enemigo.

18

CUIDADO

Pregonada la verdad a boca llena,
¡cuidado!
Recojamos galantes los aplausos
antes de que se nos enmarañen
los hilos en las manos
y descubran que fueron marionetas.
Que les dimos los papeles
que quisimos.
Que decoramos nosotros el tablado
y escogimos la música de fondo,
y nos monten una huelga de muñecos
y nos dejen su función
y sin aplauso:
hay que cuidar la fama y el prestigio.

ÚLTIMO PAGO

Se cobraba al contado cada día
aduciendo que andaba de prestado,
no sabía que estaba ya citado
con quien nada de balde concedía.

En su libro de cuentas añadía
ese tanto por ciento que sumado
al contante que estaba ya firmado,
daba exacto valor a su valía.

Le mataron un día los disgustos
de la gente morosa de su gloria
y la muerte, que cobra en efectivo,

se cobró los impuestos eran justos:
se llevó con el muerto su memoria,
sin descuentos, sin IVA y sin recibo.

TESTIGOS

Hemos visto la gloria que disfrutan
los que tanto presumen de sus actos,
los que viven arriba, siempre intactos,
anotando los gestos que computan.

Hemos visto el modo en que ejecutan
con pericia, impecables, siempre exactos,
las piruetas que exigen sus contactos
para el puesto importante que disfrutan.

No rehúsan el trato de canallas.
Sobreviven a todo y se decoran
con medallas carentes de sentido.

Pendencieros y expertos en batallas,
se les ve muy felices, atesoran
lo que dicen que son, pues nada han sido.

EL BRILLO

Vivimos a la par
que tantos muertos
que es difícil respirar
y no tragarnos su ceguera.
Es difícil abrir los ojos
y soportar su estática silueta,
ver que nada hacen
salvo pulir el latón de su figura
y rozarse con quien les lustre el traje,
para volver después a casa
con su traje brillando hueco
bajo las farolas.

SÍSTOLE DE REGRESO

¿Sería este vacío tuyo lacerante lo que
hace de pronto un espacio lugar?
¿Lugar tu ausencia?

José Ángel Valente

Pero todo me convoca a tu presencia:
mírame regresando.

Luis García Montero

I

Como un barco vacío
que a la deriva recorriera la tarde,
paseo por calles
que no me pertenecen.
Hace frío lejos de tu aliento.
Un frío tenaz que me lacera.

Sé que nadie ha vuelto de aquí
sin una herida. Que yo misma
volveré lamiéndome el desencanto.

Nada quedará entonces
mas que saber que hay un sitio
amigable donde volver,
un lugar donde es posible
vivir sin dobles intenciones.

23

II

En las calles, fantasmas
de fría niebla descienden
hasta posarse en las aceras.

La niebla y yo por las calles,
como náufragos que cruzan
el umbral de esta tarde
ya rota por lo oscuro.
Ella quedará tendida en el asfalto.
Yo volveré a ti.
Lo anuncia esta noche
que engarzándose en tu nombre,
anuncia la hora del regreso.

III

Hoy, el tiempo es una calle
muchas veces recorrida.
y la estación, el mundo
donde se refugian las esperas,
donde el silencio se rompe
previo aviso.

Desde el reloj, que suspendido
parece no colgar de ningún sitio,
el tiempo me acerca a ti.

Pronto sus agujas señalarán
tu nombre. Lo sé porque
es llegada la hora del regreso,
el tiempo en que ya todo,
pleno de ti,
tiene sentido

IV

Ya la voz te nombra
sin pronunciarte.

Se desata una prisa gris.
Remolinos de pasos.
Roces de abrigos al vuelo
del metálico vendaval
de las palabras.
Vuelvo a oír tu nombre
sin tu nombre
y todos cuantos esperan
parecen haber sido convocados.

V

El andén vomita a borbotones
gente que el vagón
se traga por orden de llegada.
Las ventanillas se pueblan
con mitades de cuerpos.
No todas se habitan.
Algunas transparentan el vacío
que dejó el último tren a su paso.

VI

La estación se vacía.
El tren avanza
sobre sus propias quejas.
Tras la ceremonia del ocaso
se han desplegado
los cartílagos del frío.
Prendida a la ropa
hemos subido al tren
su destemplanza.

Hay a quien le duele esta partida
como un desgarro en la piel:
sus ojos van quedando lejos.
Quizá sólo sus ojos
queden en el andén.
Quizá queden allí
hasta el reencuentro.

VII

Te sé cierto como una urgencia,
tangible como una nota de música,
esperándome al final
de este cambio de vías permanente.
Y también sé
que hay un paso a nivel
por cada beso que espera.

VIII

Se ha acelerado el traqueteo
hasta volverse uniforme.
Cruza otro tren.
Su velocidad se suma a la nuestra
intercambiando estruendos
y rostros tras los cristales.
Aún resuena su trueno
y ya es cierta la distancia
que nos separa,
grande la urgencia
con que nos alejamos.

IX

El calor se cuaja en los cristales,
la noche se hace túnel y se enquista.
El cambio de vías anuncia
la primera parada
-aún quedan dos hasta tus labios-.
No hay más que un hombre en el andén.
Bambolea la luz que abre el camino
y se vuelve, sin prisa,
hacia la mortecina luz de su despacho.

Todo queda
como antes de nuestra llegada
y comprendo por qué son tristes
las estaciones vacías como puerto
al que solo visita el mar
de vez en cuando.
Por qué son tristes
los andenes sin pasos
y las salas donde nadie espera.

X

Otro cambio de vías hace del pueblo
un puñado de luces húmedas
que se van perdiendo.
La noche es del color de los raíles
y habla como ellos.
No comprendo su idioma uniforme,
pero sé que voy a ti
aunque mi destino
no figura en el billete.
No es tu nombre
una estación de luces mortecinas
ni tu boca un andén
vacío de mensajes.

XI

Mientras me acerco,
huele a ti el aire que me envuelve.
En el vagón unos niños ríen con su risa niña
bajo un cartel que dice "ven",
como si hiciera falta.
Todo es del color de tu piel,
y las vías, venas
en las que cada paso
se convierte en sístole de regreso,
en apresurado latido
que me lleva
de vuelta al corazón tras el trabajo.

XII

Sobre traviesas grises,
-las de madera yacen a los lados
como muertos esperando sepultura-,
voy a ti.
Sé que esperas mi llegada
bajo el monitor que nos anuncia,
vigilando el uniforme paso
de la aguja del reloj por los minutos.
Tú me sabes ya pendiente
del cambio de las últimas agujas,
buscando desde lejos tu silueta,
el amarillo de tu abrigo contra la noche.

XIII

Nos flanquea el ancho andén
de las esperas
y una vía vacía que brilla por la helada.
Nos buscamos.
Tú me ves ir tras los cristales.
Yo te veo venir casi corriendo.
Las puertas se abren
al ancho paisaje de tu sonrisa.
He llegado al único destino posible:
el cálido nido de tus labios.

La corte

EL REY

Un enjambre de historias como escudo
y un aljibe de versos por trinchera,
la hipérbole precisa en la cartera,
la oportuna metáfora el saludo.

Por detrás, artimañas que a menudo
mantuvieron su fama de manera
que incluso él a sí mismo se creyera
del Olimpo el más dios, siendo el más rudo.

Serventesios, perífrasis, pareados,
paradojas, retruécanos y rimas,
estribillos y epítetos taimados,

todos valen si son los adecuados,
que no es fácil subir a la tarima
y aún lo es menos seguir encaramados

LA DAMA

Esa dama que canta a voz en grito
las grandezas del genio y desentona,
no conoce el metal con que corona
la cabeza del que es, dice, un gran mito.

No conoce el metal ni sabe el rito,
pero tiene acotada bien la zona
que la reina del rey reina y destrona,
si se mueve con maña en el garito.

Por su empeño en el cargo y disciplina,
por su entrega sumisa aunque algo tosca,
han nombrado zarina sin sufragio

a esta dama que hoy reina entre la ruina
con la misma grandeza que una mosca
sobrevuela los restos de un naufragio.

EL VASALLO

Fue vasallo del rey y luego paje,
ministrable perdido en la carpeta,
contumaz personaje de opereta
siempre atento al papel que bien le encaje.

Predispuesto al disfraz, bufón de traje
que se piensa heredero del profeta
si se deja llevar cual marioneta
dando vivas al rey durante el viaje.

Por el módico precio de un halago
y las migas que dejan en la mesa,
baila al son de quien mande. Soy un mago

en el arte de hacerme por sorpresa
necesario a mi rey, a él satisfago
-dice ufano el bufón-, aunque es su presa.

TANTO

Toda la vida trayendo hasta el nido
los pétalos más suaves
para caer ahora
en este cubículo fabricado en serie
con desechos de tiempo.
Tanto navegar a toda vela
doblegando vientos y mareas,
para varar en este puerto
de lujosos abrigos y aguas muertas.
Tanto bregar
para que este mal viento
nos encalle así, como si nada
hubiéramos comenzado.

MERCADO LIBRE

Agotado el tiempo de los avales
llegó el momento
de saldar deudas.
Ya no sirve
aplicar fuertes recargos,
embargar la palabra,
socavar dignidades.

Olvidasteis que,
según las leyes del mercado,
la inflación reprime el gasto.
Os habéis quedado sin negocio.
Bienvenidos al mercado libre:
ahora todos pagamos peaje.

AÑORANZA

Añoro el tiempo en que los mitos
se mantenían en pie,
cuando eran horizonte y tierra firme,
barco seguro y claridad en la mañana.

Añoro la palabra certera,
el calor de un sol para todos
y la mano tendida
con los ojos cerrados.

Añoro la flexibilidad del junco,
la mirada limpia,
el gesto quedo,
la espera de quien espera
y el abandono en calma ante la tarde.

Es fácil añorar lo que no se tuvo
si fuimos capaces de soñarlo

INTENTO

He mordido el verso con fuerza
y su sabor ácido, su áspera textura,
ha hecho sangrar mis encías.

Las palabras pugnan,
se superponen, gimen,
entablan una lucha que me es ajena.
Su táctica es abrir el abismo
bajo mis pies desnudos, la inmensidad,
en el papel en que escribo.

He perdido la batalla, lo sé.
Pero mi casa es este poema
que ahora intento
y que el tiempo se llevará
a ningún sitio.

ENCUENTRO

He llegado a entenderme
como quien entiende un teorema:
con disciplina y escepticismo.
Como quien después
de un largo día
regresa a casa
sabiendo que fue otro
en que salió al amanecer.

Hoy, por la senda diaria
me he encontrado
a mí misma.

Lejos del noble título
que os habéis dado,
nada hay
salvo vuestra idea
de vosotros mismos.

He viajado a mi mismo sin billete
como grano de polen,
sobre el viento crucé
los océanos de mi sombra
y subí a lo más alto de mi orgullo.

El fuego del hambre
abrió mis heridas.
Aquí están las cicatrices.

He visto áridos mis paisajes.
Profundas, mis simas
yacen vacías de mí, ajenas
a la belleza de la geoda
que en mi interior espera.

Todo está por hacer.
Ése es el misterio.

AUGURIO

En el cajero no tienes saldo.
Tampoco avales.
Andas sin ingresos
y sin nadie que te preste
lo necesario para seguir
con tu vida de cuento.

Te auguro el futuro
de un trasto en el fondo
del armario.

VARADO

Las marejadas del recuerdo
le mantienen vivo.

Ayer fue barco
en aguas sin fondo,
velas sus ojos
oteando el horizonte.

Hoy, amarrado al puerto
de sus piernas cansadas,
sólo su deseo mantiene el rumbo
mientras espera el viento
que libere sus anclas
para siempre.

ABRIL

Una tiene un corazón
que poner a resguardo
de esta lluvia de abril
fina como alfileres.

Tiene que esquivar sus lanzas,
ponerse bajo los soportales
del saber que esto es así,
que de nada vale soñarlo
ni hacer cuentas
de lo que queda pendiente.
Ni siguiera escribir
de nuevo el cuento
sirve como escudo.
Al fin y al cabo,
un corazón a la intemperie
se acatarra,
sufre arañazos
y siempre,
siempre,
acaba sangrando.

EMPEÑO

Nos empeñamos en contar cada latido
con que cumple el corazón
secamente su encomienda
y con gozo levantamos acta
de que ha pasado el día como debe:
sin que nadie nos llevara la contraria.
Y nos damos la razón,
y nos ceñimos de laurel
sin saber si al otro lado,
alguien se duele.
Pero cuenta, al fin,
lo que es contable
y no valen los pactos ni las treguas.
Lo importante es creerse
el rey del mundo
aunque haya que esconder
nuestro corazón de naufrago
para mantenernos ajenos a la locura.

CONTAMINACIÓN

De quienes en nombre de la verdad,
tiranizan.
De quienes gastan los días
construyendo pedestales
para desde lo alto,
enarbolar su bandera
contra quien no se les parece,
reniego.

Porque no por estar de pie
son más ciertos.
Porque su verdad sin actos,
su palabra hueca
y su dignidad de paja,
los ha convertido en producto
altamente contaminante

ANTÍPODAS

Meciéndose en la noche,
la luz resbala en su vacío.
Nadie viene. Cada uno
ha encontrado su refugio:
un techo en el que anidar su frío.
La aparente calma de esta hora
es cerrada, inhóspita y fría
como un amanecer sin esperanza.
Dormida está la vida.
A lo lejos, mucho más allá
de esta oscuridad,
alguien está despertando.
Cruzará su día
mientras yo transito mi noche
y así, sin que él lo sepa,
habremos recorrido el mundo.

DOMINGO

Están cerrados los estancos.
Tiendas más antiguas que mis recuerdos,
rezuman palabras de espuma
para describir esta mañana de domingo.
Vestidos de etiqueta,
los niños pasean de la mano.
En el bar,
el vermut araña la garganta
de este mediodía provinciano
mientras se hacen amigos eternos
en lo que se apura la copa,
y se recuerda a los que,
            con su ausencia,
nombran días ya sin tiempo.
Del asfalto sube un perfume
negro y pegajoso
que ha traspasado el tiempo
en que nosotros, aun no éramos
un nombre en la lista de ausentes.

Esa mancha en la foto
que nos dibuja,
ha atrapado el tiempo,
y traído a la memoria
momentos de azúcar.
Esa mancha,
apenas un trozo de papel,
soy yo, y sin embargo,
salvo la conciencia de mí,
ya nada queda en la escena
que sea mío.

Ha vencido el plazo de las añoranzas:
que nadie venga
con el ayer en la mochila
porque el mundo se ha desplomado
sobre los recuerdos
y ya nada importa.
Hoy soy yo de nuevo
inaugurando el calendario.

Recibe mi aplauso más sincero.
Lograste tu objetivo
(a menudo con malas artes)
pero ¿de qué te ha servido?
Tu corte se olvidó de cuanto fuiste.
Tan sólo los bufones
te recuerdan.

MATERIA PARA UNA COSMOGONÍA

Este hombre habita
un país llamado silencio
donde se oyen
las largas zancadas del olvido.
Donde los ríos duermen,
donde sólo es cierta la duda
y son dulces los confines.
Un hombre
sin tiempo en los relojes,
con la piel curtida
y el miedo bajo llave,
que escucha en sus latidos
la música del mundo.

Un país y un hombre.
Material suficiente
para una cosmogonía.

Sobre las trincheras
he levantado mi fortaleza,
aunque siempre estarán
tendidos los puentes,
siempre las teas encendidas.
Pero si viendo desde lejos mi paz,
pretendéis inundar de nuevo
mis horas con vuestro barro,
habréis de saber que no volveré
a entregar mi bandera
a cualquier precio.

ÍNDICE

Ediciones Vitruvio

Colección Baños del Carmen

Últimos libros publiacdos:

Mil años de poesía (1000-2000), número mil de la colección Baños del Carmen

Autobús nocturno, de Luis Machuca Moreno

Donde nadie dirige la mirada, de Fernando Fiestas

Siempre promete amanecer, de Ignacio Eufemio Caballero

Recuento de ilusiones, de Norberto Garcés

Y la que escucha no es ella, de Silvia López Ripoll

La levedad, de Cristina Liso

La niña que ha sembrado la tierra del poema, de Josela Maturana

Despacio y tiempo, de Angie Expósito

El agua en la mano, de Félix Recio

Parábola entre parabólicas, de Pablo Villa

Centinela del viento, de Daniel López Acuña

Guiñol, de Pedro López Lara

Historias encontradas, de Domingo Luis Hernández

El gozo cumplido, de María José García Mesa

Postales del norte, de Juan Gil Bengoa

Obra poética incompleta, de Yong-Tae Min